LOS CAMIONES DE BOMBEROS

Aaron Carr

www.av2books.com

El enriquecido libro electrónico AV² te ofrece una experiencia bilingüe completa entre el inglés y el español para aprender el vocabulario de los dos idiomas.

This AV² media enhanced book gives you a fully bilingual experience between English and Spanish to learn the vocabulary of both languages.

Spanish

English

Navegación bilingüe AV²
AV² Bilingual Navigation

CERRAR
CLOSE

OPCIÓN DE IDIOMA
LANGUAGE TOGGLE

INICIO
HOME

CAMBIAR LA PÁGINA
PAGE TURNING

VISTA PRELIMINAR
PAGE PREVIEW

LOS CAMIONES DE BOMBEROS

ÍNDICE

4

Los camiones de bomberos son máquinas muy grandes. Ayudan a los bomberos a apagar los incendios.

5

6

Cada camión de bomberos es diferente. La mayoría lleva agua y mangueras. Otros llevan escaleras y herramientas.

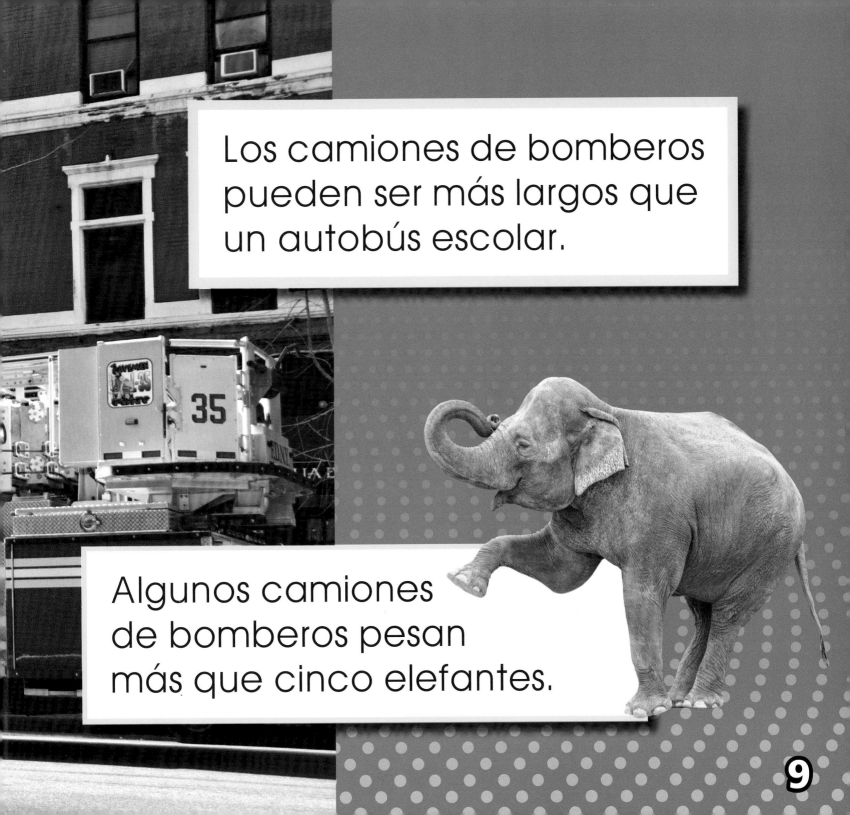

Los camiones de bomberos pueden ser más largos que un autobús escolar.

Algunos camiones de bomberos pesan más que cinco elefantes.

Los camiones de bomberos tienen luces y sirenas fuertes. Con la sirena y las luces se abren paso entre la gente.

Algunos camiones de bomberos tienen tanques de agua muy grandes. Pueden llevar la suficiente cantidad de agua como para llenar 1.000 bañeras.

Los camiones de bomberos suelen tener mangueras de más de 1.000 pies de largo.

13

14

Algunos camiones de bomberos tienen una escalera muy larga. La usan para ayudar a las personas que están atrapadas en lugares altos. También la usan para echar agua y apagar los incendios desde arriba.

Un camión de bomberos es como una caja de herramientas. Lleva todo tipo de herramientas para ayudar a los bomberos.

Las mandíbulas hidráulicas ayudan a los bomberos a cortar autos para rescatar personas.

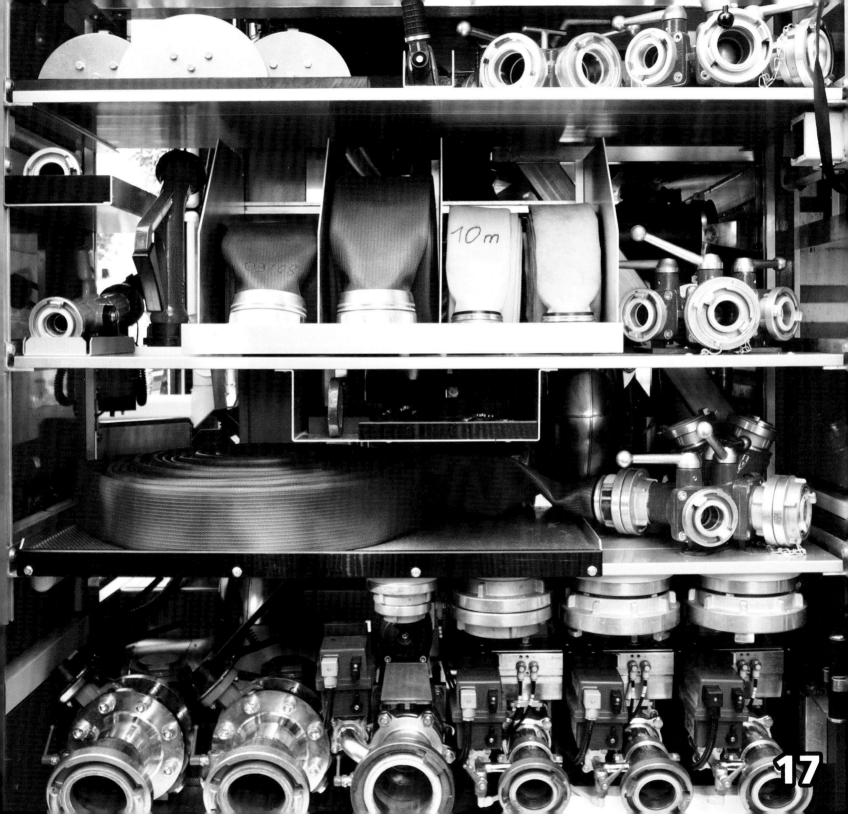

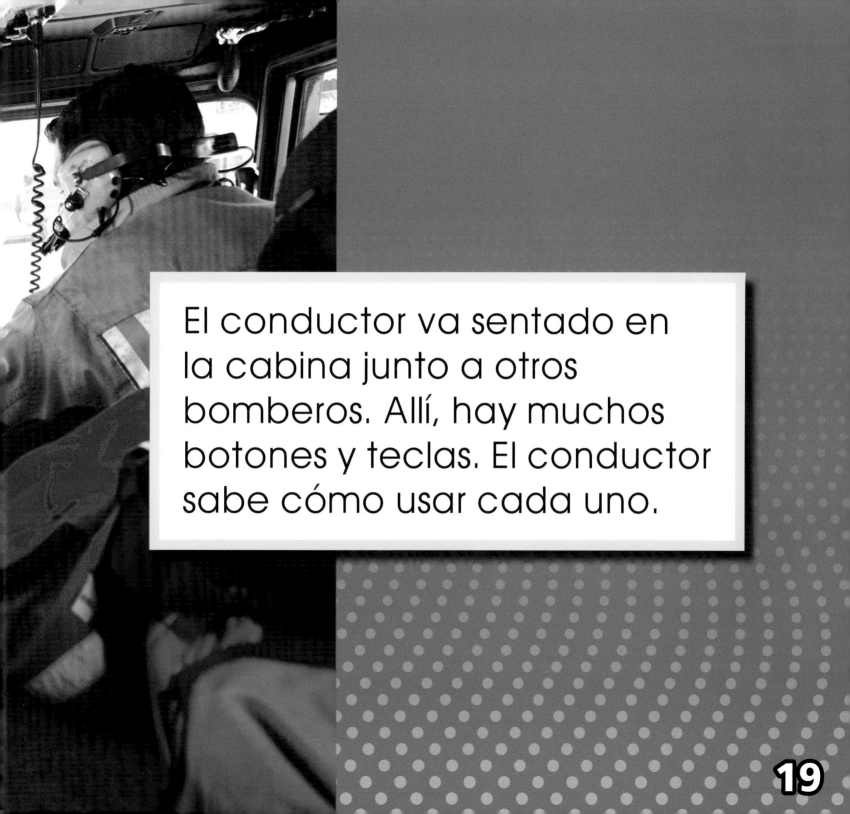

El conductor va sentado en la cabina junto a otros bomberos. Allí, hay muchos botones y teclas. El conductor sabe cómo usar cada uno.

Los bomberos conducen muy rápido para llegar a los incendios.
La gente debe apartarse del camino para dejar pasar al camión de bomberos.

DATOS SOBRE LOS CAMIONES DE BOMBEROS

Estas páginas contienen más detalles sobre los interesantes datos de este libro. Están dirigidas a los adultos, como soporte, para que ayuden a los jóvenes lectores a redondear sus conocimientos sobre cada máquina presentada en la serie *Máquinas poderosas*.

Páginas 4–5

Los camiones de bomberos son máquinas muy grandes. Mucho antes de que existieran los enormes y potentes camiones de bomberos de la actualidad, se usaban caballos para llevar bombas de agua hasta el lugar del incendio. Los bomberos solían ir corriendo detrás de las bombas. Recién en 1841 se creó el primer vehículo a vapor para apagar incendios. Hoy, los camiones de bomberos tienen diferentes formas y tamaños y llevan entre 6 y 10 bomberos.

Páginas 6–7

Cada camión de bomberos es diferente. Todos llevan a los bomberos al lugar del incendio, pero cada camión hace tareas diferentes. La mayoría de los camiones llevan agua, mangueras, escaleras y otros equipos para apagar el fuego. Otros pueden bombear agua o tienen largas escaleras extensibles o telescópicas. Los que pueden hacer tres o cuatro tareas se llaman autobombas. Los camiones de bomberos que pueden hacer las cinco tareas se llaman "multifuncionales".

Páginas 8–9

Los camiones de bomberos pueden ser más largos que un autobús escolar. Aunque el tamaño y peso de los camiones de bomberos varía según el departamento, por lo general tienen más de 45 pies (14 metros) de largo. Hay un tipo especial de camión de bomberos con escalera aérea que es mucho más largo todavía. Necesita un segundo conductor en la parte trasera para dirigir su cola. Este camión puede pesar unas 74.000 libras (33.600 kilogramos).

Páginas 10–11

Los camiones de bomberos tienen luces y sirenas fuertes. Los camiones de bomberos tienen luces y sirenas de emergencia para llamar la atención de la gente. Por lo general, las luces y sirenas se usan para que los demás conductores liberen el camino y el camión pueda llegar rápido al incendio. Cuando está estacionado, se usan las luces para que los demás conductores reduzcan la velocidad y tanto el camión como los bomberos estén protegidos.

Algunos camiones de bomberos tienen tanques de agua muy grandes. Algunos departamentos de bomberos tienen camiones cisterna que pueden llevar más de 4.000 galones (15.142 litros) de agua. Los camiones de bomberos están equipados con potentes bombas que empujan el agua por las mangueras. Pueden bombear hasta 2.000 galones (7.571 litros) por minuto. Cuando se les agotan las reservas de agua, los camiones de bomberos pueden conectarse a las bocas hidrantes.

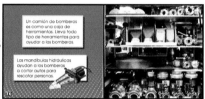

Algunos camiones de bomberos tienen una escalera muy larga. Las escaleras telescópicas de los camiones de bomberos funcionan con sistemas hidráulicos que las levantan y extienden. En América del Norte, la escalera telescópica más larga llega a los 137 pies (42 metros) de altura. Estas escaleras pueden tener tuberías y bocas para rociar agua desde arriba. También pueden tener una caja para sostener a los bomberos.

Un camión de bomberos es como una caja de herramientas. Cada pieza del camión de bomberos tiene una función. Los camiones de bomberos tienen numerosos compartimientos para llevar todas las herramientas que se necesitan para combatir el fuego, como mangueras, bocas, varios tipos de escaleras diferentes, hachas, martillos y palas. La mayoría de los camiones de bomberos también tiene generadores eléctricos para alimentar a las luces y demás herramientas.

El conductor va sentado en la cabina junto a otros bomberos. La cabina de un camión de bomberos es similar a la cabina de un camión normal, pero con un panel de instrumentos más grande. El conductor, u operador, debe estar capacitado para conducir un camión de bomberos. El oficial se sienta al lado del conductor. El oficial es el miembro del equipo de mayor rango. Detrás de los asientos delanteros está el asiento auxiliar, en el que pueden viajar hasta ocho bomberos más.

Los bomberos conducen muy rápido para llegar a los incendios. Los camiones de bomberos deben moverse rápido, muchas veces por calles de mucho tránsito, para llegar al lugar del incendio. Hay que apartarse del camino cuando viene un camión de bomberos. En los Estados Unidos, hay leyes que obligan a los conductores a reducir la velocidad al pasar por el lado de un vehículo de emergencia estacionado. Esto ayuda a proteger a los bomberos y demás personal de emergencia.

¡Visita www.av2books.com para disfrutar de tu libro interactivo de inglés y español!
Check out www.av2books.com for your interactive English and Spanish ebook!

1 **Entra en www.av2books.com**
Go to www.av2books.com

2 **Ingresa tu código**
Enter book code

Z 3 2 5 6 9 3

3 **¡Alimenta tu imaginación en línea!**
Fuel your imagination online!

www.av2books.com

Published by AV² by Weigl
350 5th Avenue, 59th Floor
New York, NY 10118
Website: www.av2books.com

Library of Congress Control Number: 2015954013

ISBN 978-1-4896-4404-6 (hardcover)
ISBN 978-1-4896-4406-0 (multi-user eBook)

Printed in the United States of America in Brainerd, Minnesota
1 2 3 4 5 6 7 8 9 0 20 19 18 17 16

032016
101515

Project Coordinator: Jared Siemens
Spanish Editor: Translation Cloud LLC
Designer: Terry Paulhus

Weigl acknowledges iStock and Getty Images as the primary image suppliers for this title.